Rainer Haak

Auf den guten Erfolg!

SKV-EDITION

Bildnachweis:
Umschlagbild: Ch. Palma
Innenbilder: S. 3, 39: K. Scholz; S. 5: L. Bertrand; S. 7, 13: Ch. Palma; S. 11: G. Weissing; S. 15: G. Eppinger; S. 19: S. Thamm; S. 21: A. Timmermann; S. 23: H. + B. Dietz; S. 27: D. Strauß; S. 29: J. den Besten; S. 31: G. Hartmann; S. 35: B. zur Bonsen; S. 37: W. Rauch

Die Deutsche Bibliothek – CIP-Einheitsaufnahme

Auf den guten Erfolg! / Rainer Haak. – 2. Aufl. – Lahr : SKV-Ed., 1999
  (Champagner für die Seele ; 94656)
  ISBN 3-8256-4656-4

Champagner für die Seele 94 656
2. Auflage 1999
© 1999 by SKV-EDITION, Lahr
Gesamtherstellung: St.-Johannis-Druckerei, 77922 Lahr
Printed in Germany   6731/1999

Champagner 3
für die Seele

Auf den guten Erfolg!

Ob wir das Glas auf den guten Erfolg heben oder bewusst darauf verzichten – auf jeden Fall freuen wir uns und genießen das Gefühl, es geschafft zu haben. Eine schwere Zeit mit vielen Entbehrungen liegt hinter uns, aber wir sind davon überzeugt: Es hat sich gelohnt.

»Champagner für die Seele« zeigt, dass in jedem von uns gute Gaben und Fähigkeiten stecken, die darauf warten, sich entfalten zu dürfen. Wir alle brauchen Ziele, zu denen wir uns auf den Weg machen. Und wir brauchen Erfolge, um weitergehen zu können und daran zu glauben, dass wir noch viel mehr erreichen können.

Ich wünsche Ihnen, dass Sie mit Leib und Seele und aller Kraft gute Ziele verfolgen und sich dann über jeden Erfolg freuen.

Herzlichst
Ihr Rainer Haak

Es gibt Menschen,
die nicht nur träumen
von gelingendem Leben,
sondern die dem Leben vertrauen
und alle Kraft aufwenden,
damit ihr Traum Wirklichkeit wird.
Und die Wirklichkeit ist schöner
als jeder Traum.

Champagner 7
für die Seele

Wenn du nach schweren Entbehrungen,
nach Schwierigkeiten und Anfechtungen
endlich am Ziel angekommen bist,
dann kannst du stolz und freudig
auf den Weg zurückblicken
und erleichtert ausrufen:
Es hat sich gelohnt!

Jeder Mensch wünscht sich den großen Erfolg.
Aber nur wenige sind bereit,
den Schweiß und die Mühe auf sich zu nehmen,
die auf dem Weg zum Erfolg unvermeidbar sind.

Erfolgreiche Menschen
geben sich im Leben nicht damit zufrieden,
Zuschauer zu sein und zu applaudieren.
Sie spielen selbst mit.

Die einen arbeiten an ihren Träumen,
die anderen an der Wirklichkeit.

Deine Dankbarkeit für die Gaben und Fähigkeiten,
die dir damals in die Wiege gelegt wurden,
kannst du am besten dadurch erweisen,
dass du sie immer weiterentwickelst.

Jeder kleine Erfolg hilft dir,
daran zu glauben,
dass noch viel größere Möglichkeiten
in dir stecken.

Champagner für die Seele 11

Negative Gedanken hindern mich am Erfolg –
beim Nachdenken über ein Problem,
bei einem wichtigen Gespräch,
bei einer schwierigen Arbeit,
beim Autofahren
und beim Ausruhen.
Gute, positive Gedanken dagegen
sind Champagner für meine Seele
und wichtige Schritte zum Erfolg.

Erfolgreiche Menschen
ruhen sich nach
einem Erfolg aus.
Aber nur kurz!

Keine Angst vor Fehlern!
Wer einen Fehler macht, kann daraus lernen
und dann trotzdem erfolgreich sein.
Wer jeden Fehler vermeiden will,
wird nicht fehlerlos sein,
sondern erfolglos.

Wer Misserfolg verkraften kann,
ist bestens auf den Erfolg vorbereitet.

Champagner für die Seele   15

Ich dachte immer, erfolgreich seien die Menschen,
die niemals Angst haben,
die keine Schwierigkeiten kennen,
keine Probleme oder Krisen,
kein schlechtes Gewissen und keine Skrupel,
und die nichts wissen
von Gefühlsschwankungen und Traurigkeit.
Ich dachte es – bis ich die Erfahrung machte,
dass diese Art von »Erfolg«
unmenschlich und seelenlos ist.
Erfolgreich, so wurde mir nach und nach deutlich,
sind jene Menschen, die ihre Angst besiegen,
die sich ihren Problemen und Krisen mutig stellen,
die zu ihren Höhen und Tiefen stehen
und denen Menschen stets wichtiger sind als Dinge.

Manchmal bedeutet Erfolg nicht,
dass ich so hoch wie möglich komme,
sondern den Weg nach unten gehe.
Manchmal ist Erfolg nicht draußen
in der weiten Welt zu finden,
sondern dort, wo meine Seele
ihre größten Geheimnisse bewahrt.

Der wichtigste Sieg ist meistens nicht der Sieg über andere, sondern der Sieg über mich selbst.

Ich will nie darüber klagen,
dass eine Tür verschlossen ist,
solange ich nicht versucht habe, sie zu öffnen.

Die schwersten Stunden meines Lebens
stellten sich hinterher oft als diejenigen heraus,
in denen ich am meisten gewachsen bin.

Champagner für die Seele

Du hättest aufgeben können.
Du hättest Urlaub machen können.
Du hättest dich selbst verwöhnen können.
Du hättest es dir gemütlich machen können.
Aber du hast es nicht getan.
Du wolltest den Erfolg
und wusstest sehr genau,
dass es deinen ganzen Einsatz kosten würde.

Ob die anderen
an dich glauben,
ist sicher wichtig.
   Aber die Hauptsache ist,
      dass du selbst an dich glaubst.

Jeder große Erfolg steht am Ende eines langen Weges
voller schwieriger Hindernisse,
oft steinig und schmal,
kurvenreich mit vielen anstrengenden Steigungen.
Doch unterwegs wartet immer schon
nach jedem Hindernis,
nach jeder Steigung
und jeder schlechten Wegstrecke
ein kleiner Erfolg.
Ohne kleine gibt es keine großen Erfolge.

Champagner 23
für die Seele

Das ist Erfolg –
wenn du einige der Möglichkeiten,
die das Leben für dich bereithält,
in die Tat umsetzt.

Erfolgreiche Menschen warten nicht darauf,
dass andere ihnen helfen –
sie helfen sich selbst.

Trägheit heißt, von großen Taten zu träumen,
aber nie selbst damit anzufangen.
Trägheit redet von großen Erfolgen,
ist aber nicht bereit,
die Mühen zu ertragen, die dazugehören.
Trägheit schaut dem Leben zu,
nimmt aber nicht daran teil.
Trägheit ist die Mutter des Misserfolgs.

Viele Menschen träumen vom großen Erfolg.
Sie wollen an erster Stelle stehen
und bei allen gut angesehen sein.
Sie wollen Sieger sein,
die Konkurrenz ausschalten
und aus allem einen Vorteil für sich ziehen.
Erfolgreiche Menschen dagegen
wollen nicht mehr und nicht weniger,
als alles so gut wie möglich machen.

Champagner 27
für die Seele

Erfolg bedeutet nicht,
das zu tun, was andere können.
Erfolg bedeutet,
das zu tun, was du kannst.

Erfolgreiche Menschen versuchen nicht,
alte Erfolge zu wiederholen,
sondern neue Herausforderungen anzunehmen.

Erfolg kann
nur der haben,
der sein Ziel
nicht aus den Augen verliert.

Es ist dein Erfolg, und du darfst ihn genießen.
Aber vergiss nie, dass jeder Erfolg
viele Mütter und Väter hat –
Menschen, die dich darauf vorbereitet haben,
die dich begleitet und ermutigt haben,
die an dich geglaubt haben
und dir mit Rat und Tat zur Seite standen.

Champagner 31
für die Seele

Das kannst du nicht,
so wurde es ihr schon als Kind eingeredet.
Das kann ich nicht,
so glaubte sie es schließlich selbst.
Das kann ich nicht
machte sie klein und hilflos und unglücklich,
bis sie es einfach einmal versuchte ...

Viele Menschen
wollen stets auf Nummer Sicher gehen.
Mit Sicherheit
werden sie keinen Erfolg erringen.

Wie oft hast du zwischendurch daran gedacht,
alles hinzuwerfen und aufzugeben!
Doch jedesmal hast du dich gegen den Misserfolg
und für den Erfolg entschieden.

Erst durch viele kleine Erfolge
verschwindet nach und nach
die Angst vor dem großen Erfolg.

Wenn deine Seele dir guten Erfolg wünscht,
kann sie etwas ganz anderes meinen,
als du gedacht hast.

Champagner für die Seele

Nur wer dem Scheitern ins Auge geblickt hat,
wird sich über den Erfolg richtig freuen können.

Unsere Welt braucht mehr Menschen,
die bereit sind, ihr Bestes zu geben,
als solche, die stets
das Beste für sich wollen.

Du hast es geschafft,
weil du bereit warst,
dafür auf anderes
zu verzichten.

Wenn du dich für einen Menschen einsetzt,
der in Not ist, auf Hilfe angewiesen,
der verzweifelt ist und nicht mehr weiter weiß,
der gefallen ist und nicht mehr allein aufstehen kann,
dann hast du einen Erfolg errungen –
einen Erfolg der Menschlichkeit.

Champagner
für die Seele

»Champagner für die Seele« schenkt »Erfrischung« für alle Menschen, die sich nach inneren Werten wie Glück, Liebe und Wertschätzung sehnen.

Bisher sind folgende Titel erschienen:

94 651   Auf die Freundschaft!
94 652   Auf das Geburtstagskind!
94 653   Auf das glückliche Paar!
94 654   Auf die Freude am Leben!
94 655   Auf viele glückliche Stunden!
94 656   Auf den guten Erfolg!

Wünschen Sie Informationen über Bücher und Veranstaltungen von Rainer Haak, wenden Sie sich an:

Rainer Haak
Hamburger Straße 11
22083 Hamburg